BEI GRIN MACHT SICH IHR WISSEN BEZAHLT

- Wir veröffentlichen Ihre Hausarbeit, Bachelor- und Masterarbeit

- Ihr eigenes eBook und Buch - weltweit in allen wichtigen Shops

- Verdienen Sie an jedem Verkauf

Jetzt bei www.GRIN.com hochladen und kostenlos publizieren

Trainingsplanung für einen 43-jährigen Mann mit Gelenkschmerzen

L. Meyer

Bibliografische Information der Deutschen Nationalbibliothek:

Die Deutsche Nationalbibliothek verzeichnet diese Publikation in der Deutschen Nationalbibliografie; detaillierte bibliografische Daten sind im Internet über http://dnb.d-nb.de abrufbar.

ISBN: 9783346862020
Dieses Buch ist auch als E-Book erhältlich.

Druck und Bindung: Books on Demand GmbH, Norderstedt Germany
Gedruckt auf säurefreiem Papier aus verantwortungsvollen Quellen

Das vorliegende Werk wurde sorgfältig erarbeitet. Dennoch übernehmen Autoren und Verlag für die Richtigkeit von Angaben, Hinweisen, Links und Ratschlägen sowie eventuelle Druckfehler keine Haftung.

Das Buch bei GRIN: https://www.grin.com/document/1330229

Deutsche Hochschule für

Prävention und Gesundheitsmanagement

Hermann Neuberger Sportschule 3

66123 Saarbrücken

Einsendeaufgabe

Fachmodul: Trainingslehre III

Studiengang: Gesundheitsmanagement (BGM)

Datum
Präsenzphase   **21.06.21–23.06.21**

Studienort: **Hamburg**

Semester: **WS 2019**

Inhaltsverzeichnis

1 Personendaten

Tabelle 1: Allgemeine und biometrische Daten zur Person XY

Alter	43
Geschlecht	Männlich
Körpergröße	1,84 m
Körpergewicht	78 Kilogramm
Trainingsmotive	- Fitness verbessern - Gesundheit verbessern - Muskeln aufbauen
Berufliche Tätigkeit	Augenoptiker
Aktuelle sportliche Aktivität	- Zwei mal die Woche eine Stunde Joggen - Zwei Mal die Woche Fußball in der Bezirksliga á Zwei Stunden
Frühere sportliche Aktivität	- ab dem 7. Lebensjahr Fußball im Verein
Zeitlicher Verfügungsrahmen	Vier Stunden die Woche
Blutdruck	Systolisch: 126 mmHg Diastolisch: 83 mmHg
Ruhepuls	68 S/min
Allgemeiner gesundheitlicher Zustand	Gut
Sonstige gesundheitliche Einschränkungen	Manchmal Schmerzen in den Knien und im Nacken

Herr XY wiegt bei einer Körpergröße von 1,84 m 78 kg und hat damit einen Body-Mass-Index(BMI) von 23,0. Dies bedeutet für einen Mann in seinem Alter „Normalgewicht" (siehe Tabelle 2).

Tabelle 2: BMI-Klassifizierung (modifiziert nach der WHO, 2000, S. 9)

Klassifizierung	BMI (kg/m²)	Unterteilungen
Untergewicht	>16	Starkes Untergewicht
	16-17	Mäßiges Untergewicht
	17-18,5	Leichtes Untergewicht
Normalgewicht	18,5-24,9	Normalgewicht
Übergewicht	25-29,9	Präadipositas
Adipositas	30-34,9	Adipositas Grad 1
	35-39,9	Adipositas Grad 2
	>=40	Adipositas Grad 3

Hinsichtlich seiner Blutdruckwerte ist alles in Ordnung, er befindet sich im normalen Bereich (siehe Tabelle 3).

Tabelle 3: Richtwerttabelle zur Beurteilung von Blutdruckwerten (Deutsche Hochdruckliga e.V., S. 10.)

	Systolisch (mmHg)	Diastolisch (mmHg)
Optimal	< 120	< 80
Normal	120-129	80-84
Hochnormal	130-139	85-89
Hypertonie Grad 1	140-159	90-99
Hypertonie Grad 2	160-179	100-109
Hypertonie Grad 3	>=180	>=110
Isolierte systolische Hypertonie	>=140	<90

Des Weiteren ist zu erwähnen, dass sein Ruhepuls von 68 S/min normal ist.

2 Beweglichkeitstestung

Um ein mögliches Bedürfnis nach einem Beweglichkeitstraining zu ergründen, muss ein manueller Beweglichkeitstest durchgeführt werden. Mithilfe von fünf standardisierten Übungen können die Testergebnisse genau mit der Norm verglichen und beurteilt werden. Anhand des Ergebnisses kann dann ein individueller Trainingsplan erstellt werden, der die Defizite des Probanden berücksichtigt.

2.1 Testung der Brustmuskulatur (M. pectoralis major)

Tabelle 4: Testung der Brustmuskulatur (nach Janda, 2000, S. 270-271) (eigene Darstellung, 2021)

Testdurchführung	Der Proband XY liegt mit dem Rücken auf einer Behandlungsliege, die Beine zur Beckenfixierung angewinkelt und die Füße sind auf der Liegefläche abgestellt. Der Brustkorb wird durch den Unterarm/Hand des Testers in diagonaler Richtung von der Testseite des Probanden fixiert, ohne Druck auszuüben. Um eine LWS Hyperlordose zu vermeiden, spannt die Testperson seine Bauchmuskulatur an. Der Arm des Probanden wird auf der Testseite im Schultergelenk abgespreizt und sein Unterarm nimmt im Ellenbogengelenk zum Oberarm einen rechten Winkel ein. Die Handfläche ist nach oben gerichtet. Als Testergebnis zählt nun die Position des Oberarmes zur Horizontalen auf beiden Seiten.

Richtwerte/Normwerte	Stufe 0 = Es konnten keine Beweglichkeitsdefizite festgestellt werden, der Oberarm des Probanden erreicht die Horizontale Stufe 1 = Es konnten leichte Beweglichkeitsdefizite festgestellt werden, der Oberarm erreicht die Horizontale nicht Stufe 2 = Es wurden deutliche Beweglichkeitsdefizite festgestellt, der Oberarm erreicht die Horizontale auch durch Druck des Testers nicht
Testergebnis	Der Proband XY erreichte Stufe 1, es wurden also leichte Defizite diagnostiziert

2.2 Testung der Hüftbeugemuskulatur (speziell M. iliopsoas)

Tabelle 5: Testung der Hüftbeugemuskulatur (nach Janda, 2000, S. 258-259) (eigene Darstellung, 2021)

Testdurchführung	Wieder liegt der Proband in Rückenlage auf einer Liege, diesmal schließt das Gesäß mit dem Ende der Liegefläche ab, sodass die Beine der zu testenden Person frei hängen. Während ein Bein weiterhin über die Liegenkante hängt, wird das andere Bein am Schienbein unter der Kniescheibe maximal mit beiden Händen zum Brustkorb gezogen. Nun wird die Position des Oberschenkels zur Körperlängsachse, also der Hüftbeugewinkel betrachtet. Becken und Lendenwirbelsäule bleiben während der gesamten Ausführung fixiert. Dies geschieht nacheinander mit beiden Beinen.
Richtwerte/Normwerte	Stufe 0 = Es konnten keine Beweglichkeitsdefizite festgestellt werden, Hüftflexion ist bis zum 90 Grad Winkel möglich Stufe 1 = Es konnten leichte Beweglichkeitsdefizite festgestellt werden, Hüftflexion erreicht zwischen 80 und 90 Grad Stufe 2 = Es konnte ein deutliches Beweglichkeitsdefizit festgestellt werden, Hüftflexion bleibt unter 80 Grad
Testergebnisse	Es wurden deutliche Defizite festgestellt, der Proband erreichte Stufe 2. Auf die Hüftbeugemuskulatur muss also in der Trainingsplanung besonderen Wert gelegt werden.

2.3 Testung der Kniestreckmuskulatur (speziell M. rectus femoris)

Tabelle 6: Testung der Kniestreckmuskulatur (Janda, 2000, S.258-259) (eigene Darstellung,2021)

Testdurchführung	Die Testposition ist ähnlich zur Hüftbeugemuskulatur. Der Proband liegt auf einer Behandlingsliege und das Gesäß befindet sich an der Liegeflächenkante. Ein Bein wird wieder angewinkelt zum Thorax gezogen, das jeweils andere hängt frei über die Kante hinweg. Der Tester hilft nun den maximalen Hüftextensionswinkel zu erzielen. Durch den Tester wird nun auch der maximal mögliche Kniebeugewinkel herbeigeführt. Zu betrachten ist nun der Winkel zwischen Oberschenkel und Unterschenkel, bezeichnet als Kniebeugewinkel. Becken und Lendenwirbelsäule bleiben während der gesamten Ausführung fixiert.
Richtwerte/Normwerte	Stufe 0 = Es konnten keine Beweglichkeitsdefizite festgestellt werden, der Unterschenkel hängt senkrecht ab Stufe 1 = Es konnten leichte Beweglichkeitsdefizite festgestellt werden, die Senkrechtstellung des Unterschenkels wird nur durch leichten Druck des Testers erzielt Stufe 2 = Es konnten deutliche Beweglichkeitsdefizite festgestellt werden, auch durch Druck des Testers wird die Senkrechtstellung nicht erreicht
Testergebnisse	Durch leichten Druck des Testers konnte eine Senkrechtstellung des Unterschenkels erzielt werden, der Proband befindet sich also auf Stufe 1 und auch hier muss demnach bei der Trainingsplanung besondere Rücksicht genommen werden

2.4 Testung der Kniebeugemuskulatur (Mm. Ischiocrurales)

Tabelle 7: Testung der Kniebeugemuskulatur (nach Janda, 2000, S.261-262) (eigene Darstellung, 2021)

Testdurchführung	Die Testperson liegt weiterhin mit dem Rücken auf der Behandlingsliege, das nichtgetestete Bein ist im Hüft- sowie Kniegelenk gebeugt und der Fuß ist auf der Liegefläche abgestellt. Das betrachtete Testbein ist voll durchgestreckt und wird vom Tester in die maximal mögliche Hüftflexion gedrückt. Becken und Lendenwirbelsäule bleiben während der gesamten Ausführung fixiert. Beobachtet wird nun der Hüftbeugewinkel.
Richtwerte/Normwerte	Stufe 0 = Es konnten keine Beweglichkeitsdefizite festgestellt werden, die Hüftgelenksflexion ist im 90 Grad Winkel möglich Stufe 1 = Es konnten leichte Beweglichkeitsdefizite festgestellt werden, Hüftflexion erreicht zwischen 80 und 90 Grad Stufe 2 = Es konnten deutliche Beweglichkeitsdefizite festgestellt werden, Hüftflexion bleibt unter 80 Grad
Testergebnisse	Der Test hat kein Defizit ergeben.

2.5 Testung der Wadenmuskulatur (Mm. Triceps surae)

Tabelle 8: Testung der Wadenmuskulatur (nach Janda, 2000, S. 255) (eigene Darstellung)

Testdurchführung	Die Ausführung erfolgt wieder in Rückenlage auf der Liege. Das unbetrachtete Bein ist mit dem Fuß auf der Liegefläche abgestellt und das Knie und die Hüfte sind auf der Seite gebeugt. Das zu testende Bein ist gestreckt und ragt mit der Hälfte über die Liegefläche hinüber. Der Tester greift mit der einen Hand das Fersenbein des Probanden und übt dort leichten Zug aus, mit der anderen ergreift er die Außenseite des Fußes. Nun drückt der Tester mit dem Daumen die äußere Fußsohle, sodass der Fuß in Richtung Schienbein bewegt wird. Der Messbereich ist nun die maximale Dorsalextension des Sprunggelenks.
Richtwerte/Normwerte	Stufe 0 = Es konnten keine Beweglichkeitsdefizite festgestellt werden, die Dorsalextension ist bis 0 Grad möglich Stufe 1 = Es konnten leichte Beweglichkeitsdefizite festgestellt werden, Dorsalextension konnte nicht ganz bis 0 Grad erfolgen Stufe 2 = Es konnten deutliche Beweglichkeitsdefizite festgestellt werden, Dorsalextension ist nur bis 10 Grad unter der 0 Grad Stellung möglich
Testergebnisse	Der Test hat ergeben, dass der Proband hier ein deutliches Defizit aufweist. Hierauf muss in der Trainingsplanung ein besonderes Augenmerk gelegt werden.

3 Trainingsplanung Beweglichkeitstraining

Eine gute Dehnbarkeit ist von großer Bedeutung für die Körperhaltung und Muskelfunktion. Durch größere Bewegungsfreiheit ist es möglich, viele Übungen im Krafttraining oder in diesem Fall auch im Fußballspiel, sowie viele Situationen im Alltag besser meistern zu können.

3.1 Belastungsgefüge für das Beweglichkeitstraining

Tabelle 9: Belastungsgefüge für das Beweglichkeitstraining

Trainingshäufigkeit pro Woche	2 Mal
Sätze pro Übung	2
Dehndauer pro Satz	45 Sekunden
Trainingsintensität	Bis zum Dehnschmerz für optimale Effektivität

3.2 Trainingsplan für das Beweglichkeitstraining

Tabelle 10: Trainingsplan Beweglichkeitstraining

Zielmuskulatur	Dehnmethode		Durchführung
	Dehnform	Arbeitsweise	
Nackenmuskulatur M. trapezius	aktiv	statisch	Der Proband steht schulterbreit und lässt die Schultern hängen. Der Kopf wird zur Seite geneigt und die gegenüberliegende Schulter leicht nach unten gedrückt, sodass sie unten bleibt und nicht hoch gezogen wird.
Brustmuskulatur M. pectoralis major	passiv	dynamisch	Die Füße des Probanden verlaufen parallel zur Wand, das vordere Bein hat Kontakt mit der Wand und ist leicht gebeugt. Der wandnahe Unterarm wird an diese angelehnt, der Oberarm hat hierbei eine 90° Stellung zum Oberkörper. Nun wird der Oberkörper und das Becken von der Wand weggedreht. Dies passiert in leichter Pulsierung.
Rumpfmuskulatur M. obliquus externus abdominalis	passiv	statisch	Der Proband liegt auf einer Matte in Rückenlage. Die Arme sind im 90° Winkel zum Oberkörper auf dem Boden abgelegt. Die angewinkelten Beine sind in der Ausgangsposition auf dem Boden abgestellt, um den Rumpf zu dehnen werden diese dann zur Seite auf den Boden gedrückt. Dabei bleiben die Schultern auf der Matte und werden nicht in der Bewegung mitgenommen.
Vorderer Oberschenkel M. quadriceps femoris	passiv	statisch	Der Trainierende hat einen geraden Stand. Das Bein wird nach hinten angewinkelt und die Hand der gleichen Seite greift nach dem Fuß und zieht die Ferse so weit es geht zum Gesäß, ohne dass dabei die Hüfte ausweicht. Die Hüfte wird so leicht überstreckt.
Hüftbeugemuskulatur M. illiopsoas M. rectus femoris	aktiv	statisch	Ausgangsposition ist der Kniestand auf einer Matte. Der Oberkörper bleibt gerade. Um die Dehnung der Hüftbeugemuskulatur zu erreichen muss nun das Becken durch Gewichtsverlagerung nach vorne abgesenkt.
Adduktoren Mm. adductores	passiv	statisch	Herr XY sitzt auf einer Matte und legt die Fußsohlen aneinander. Die Knie werden so weit wie möglich zum Boden gedrückt und die Fußsohlen zum Becken gezogen. Das Becken wird bei der Dehnung leicht nach vorn gekippt. Der Oberkörper bleibt gerade.
Hüftbeugemuskulatur M. illiopsoas	aktiv	dynamisch	Der Proband braucht eine kniehohe Erhöhung. Der eine Fuß steht auf der

			Erhöhung, das andere Bein wird so gut wie möglich gestreckt. Der Oberkörper bleibt dabei gerade. Zum Gleichgewicht halten darf sich am vorderen Bein leicht abgestützt werden. Nun lehnt sich der Proband nach vorne und wippt sich immer ein wenig tiefer in die Überstreckung der Hüfte.
Hinterer Oberschenkel M. biceps femoris M. semitendinosus M. semimebranosus	aktiv	statisch	Wichtig ist bei dieser Übung ein gerader und fester Stand. Der Oberkörper wird mit durchgestreckten Beinen nach vorne gebeugt, sodass eine Dehnung in den hinteren Oberschenkeln entsteht.
Wadenmuskulatur M. triceps surae	passiv	postisometrisch	Der Proband in Bauchlage auf einer Behandlungsliege. Die Füße ragen über die Liegenkante hinweg. Der Therapeut führt eine Anspannung der Wadenmuskulatur herbei und lässt sie den Patienten für ca. 10 Sekunden halten. Dannach wird kurz locker gelassen und dann geht der Therapeut weiter in die Dehnung hinein, indem er den Winkel zwischen Fuß und Schienbein verringert. Diese Dehnung wird dann ca. zwei Minuten gehalten. Der Prozess kann beliebig oft wiederholt werden.
Wadenmuskulatur M. gastrocnemius M. soleus	passiv	statisch	Die Übung wird sitzend auf einer Matte durchgeführt. Das Bein, das gedehnt werden soll, berührt mit der Wade den Boden, ist also komplett gestreckt. Nun wird mit beiden Händen der Fuß gegriffen und die Sohle Richtung Oberkörper gedrückt. Wenn dies nicht möglich ist, kann ein Gürtel oder ähnliches zur Hilfe genommen werden. Es ist wichtig, dass während der gesamten Ausführung der Oberkörper gerade bleibt.

3.3 Begründung zum Beweglichkeitstraining

In der Beweglichkeitstestung kam heraus, dass Herr XY deutliche Defizite in der Hüftbeugemuskulatur und der Wadenmuskulatur hat. Zudem wurden leichte Defizite in der Kniestreckmuskulatur sowie in der Brustmuskulatur festgestellt. Einzig die Kniebeugemuskulatur wies keine Defizite auf.

Diese Einschränkungen sind nicht untypisch für Fußballspieler. Daher muss beim Dehnen besonders auf die umgebende Hüftmuskulatur und die Wadenmuskulatur geachtet werden.

Jedoch ist bei seinem Beruf als Augenoptiker und dabei einer vorwiegend sitzenden und stehenden Tätigkeit wichtig, die Rumpf- und Nackenmuskulatur mit einzubeziehen.

Die Trainingshäufigkeit pro Woche und die Sätze pro Trainingseinheit sollen den recht unerfahrenen Probanden nicht überfordern und demotivieren, aber gleichzeitig genug Trainingsreize setzen.

4 Trainingsplanung Koodinationstraining

Die Koordination ist ein bedeutsamer Bestandteil für unsere Gesundheit. Sie ist wichtig für die Verletzungsprophylaxe und gibt im Alltag mehr Sicherheit.

Herr XY spielt seit seiner Kindheit in seiner Freizeit Fußball. Leider kommt das Koordinationstraining wie auch das Dehnen im Amateurfußball viel zu kurz. Aufgrund dessen kann ein Gleichgewichtstraining für den Sport und auch im Alltag eine große Bereicherung sein.

4.1 Belastungsgefüge für das Koodinationstraining

Tabelle 11: Belastungsgefüge für das Koordinationstraining

Trainingshäufigkeit pro Woche	2 Mal
Sätze pro Übung	2
Satzpausen	45 Sekunden
Belastungsdauer	60 Sekunden bei statischen Übungen 15 Wiederholungen bei dynamischen Übungen

4.2 Trainingsplan für das Koordinationstraining

Tabelle 12: Trainingsplan für das Koodinationstraining (Gleichgewichtstraining)

Übung	Durchführung
Balancieren auf einem Bein	Der Proband steht zunächst hüftbreit. Nun hebt er langsam ein Bein. Das Knie- sowie Hüftgelenk nehmen 90 Grad ein. Der Oberkörper bleibt gerade, das Standbein ist leicht gebeugt, um die Balance besser zu halten. Die Arme dürfen zur Hilfe als Waage fungieren. Nach 60 Sekunden wechselt das Bein.
Balancieren auf einem Bein mit geschlossenen Augen	Die Ausführung aus der vorherigen Übung wird beibehalten. Diesmal werden zusätzlich die Augen geschlossen, da der Gleichgewichtssinn dadurch beeinträchtigt wird.

Balancieren auf einem Bein mit Seitwertsbewegen und geschlossenen Augen	Hinzu kommt nun eine dynamische Bewegung zur Seite. Langsam wird das Spielbein nach außen und wieder nach innen in die Ausgangsposition geführt.
Balancieren auf einem Bein mit Ausdrehen des Oberkörpers	Ausgangsposition ist der Einbeinstand. Während der Proband auf einem Bein steht, dreht der ganze Oberkörper mit dem Kopf über das Spielbein hinweg zur Seite.
Stecken und Beugen der Arme und des Spielbeins im Einbeinstand	Der Proband steht wieder auf einem Bein. Nun besteht die Schwierigkeit darin, die Arme und das Spielbein gleichzeitig zu bewegen. Die Arme werden mit dem Spielbein gestreckt und wieder gebeugt.
Balancieren auf einem Bein auf einem Therapiekreisel	Die erste Übung wird jetzt auf einem Therapiekreisel ausgeführt. Dieser ist zu allen Seiten instabil und fordert mehr Balance als auf dem flachen Boden.
Einbeinstand auf einem Therapiekreisel mit geschlossenen Augen	Wieder wird die Übung durch geschlossene Augen erschwert.
Einbeinstand auf einem Therapiekreisel und taktilem Reiz durch Theraband	Bei dieser Übung wird ein Partner benötigt. Ein Theraband wird an Arm oder Bein des Probanden befestigt. Um die Testperson aus dem Gleichgewicht zu bringen zieht der Partner nach eigenem Empfinden an den Extremitäten des Probanen. Die Arme dürfen widrer zur Stabilität genutzt werden.
Einbeiniger Sprung auf Therapiekreisel	Ausgangsposition ist der Einbeinstand auf dem Therapiekreisel. Der Proband springt nun auf einem Bein in die Luft und muss auf diesem Bein wieder auf dem Kreisel landen und das Gleichgewicht halten. Um wieder schneller Stabilität zu erreichen, können die Arme als Gegenpendel benutzt werden.
Einbeinstand auf Therapiekreisel mit Fangen und Werfen eines Balles	Der Proband begibt sich wieder in den Einbeinstand auf dem Therapiekreisel. Der Partner nimmt nun einen Ball (z.B einen Tennisball) und wirft ihn dem Probanden zu. Hier muss Herr XY das Gleichgewicht ohne zu Hilfenahme der Arme gewinnen. Wenn er den Ball gefangen hat, muss er den Ball wieder an den Partner zurückwerfen.

4.3 Begründung zum Koordinationstraining

Herr XY hat durch die Ballkoordination im Fußball schon Erfahrung in dem Bereich. Da aber wie schon zuvor erwähnt, im Amateurfußball nur die für das Spiel am wichtigsten erscheinenden Teile trainiert werden, musste das Gleichgewicht zur Vorbeugung von Verletzungen noch verbessert werden.

Zunächst wurden die einfachen Übungen geschult, die dann als Ausgangsposition für die immer schwieriger werdenden Übungen mit geschlossenen Augen oder instabilem Untergrund dienen. Durch einbeinige Sprünge auf dem Therapiekreisel lassen sich im Fußballspiel leichter Sprünge abfedern.

Zudem wurden Übungen gewählt, die das Verbinden von Kopf und Körper trainieren, denn häufig wird dies beim Amateur-Fußball außer acht gelassen.

Auch die Übung, durch taktile Reize nicht das Gleichgewicht zu verlieren, helfen im Fußball bei plötzlichem Körperkontakt mit dem Gegner nicht instabil zu werden.

5   Literaturrecherche

Tabelle 13: Effekte des Dehnens in Hinblick auf eine Verletzungsprophylaxe (eigene Darstellung, 2021)

Titel der Studie	Prevention of running injurys by warm-up, cool-down and stretching exercises	A pragmatic rondomised trail of stretching before and after physical activity to prevent injury and soreness
Wer hat die Studie durchgeführt?	W van Mechelen, H Hlobil, H C Kemper, W J Voorn, H R de Jongh	Gro Jamtvedt, Robert D. Herbert, Signe Flottorp, Jan Odgaard-Jensen, Kari Håvelsrud, Alex Barret, Erin Mathieu, Amanda Burls, Andrew D. Oxman
Veröffentlichungsjahr	1993	2010
Forschungsfrage	Haben standardisierte Aufwärm-, Abkühl und Dehnprozesse Effekte auf die Vorbeugung von Laufverletzungen?	Welche Auswirkung hat das Dehnen vor und nach körperlicher Aktivität auf das Verletzungs- und Schmerzrisiko?
Versuchspersonen	167 Freizeitläufer in der Kontrollgruppe und 159 in der Interventionsgruppe	2377 Erwachsene, die regelmäßig körperliche Aktivität betrieben haben
Versuchsaufbau	In den 16 Wochen der Studie führten die Teilnehmer ein Tagebuch über Laufstrecke und Laufzeit und der dabei entstandenen Verletzungen. Die Interventionsgruppe musste zusätzlich die Einhaltung des Aufwärm-, Abkühl- und Dehnprogrammes protokollieren.	Die Teilnehmer der Dehnungsgruppe haben über 12 Wochen 30 Sekunden statische Dehnübungen durchgeführt, die sieben Muskelgruppen der unteren Extremitäten und des Rumpfes beinhalteten. Die Kontrollgruppe hat sich nicht gedehnt.
Ergebnisse und Schlussfolgerungen	Es gab 23 Verletzungen in der Kontrollgruppe und 26 in der Interventionsgruppe. Es wurde kein positiver Effekt auf die Verletzungsprophylaxe festgestellt, allerdings hat die Interventionsgruppe nun mehr Wissen über Aufwärm- und Abkühlprozeduren, sowie über Dehnübungen.	Über Onlineberichte der Probanden kam heraus, dass das Dehnen keinen bedeutsamen Effekt auf das Verletzungsrisiko hat, einzig auf Verletzungen im Muskel-, Bänder- und Sehnenbereich. Jedoch wurde auch festgestellt, dass lästige Schmerzen nach dem Training verringert wurden.

6 Literaturverzeichnis

Deutsche Hochdruckliga e.V. DHL® (2019). *Patientenleitfaden Bluthochdruck.*
2. Auflage. Heidelberg.

Janda, V. (2000). *Manuelle Muskelfunktionsdiagnostik* (4. Aufl.). München: Urban & Fischer.

Jamtvedt, G., Herbert, RD., Flottorp, S., Odgaard-Jensen, J., Håvelsrud, K., Barrat, A., Mathieu, E., Burls, A., Oxman, AD. (2010). A pracmatic randomised trail of stretching before and after physical activity to prevent injury and soreness. *Br J Sports Med.* 44(14): 1002-9

Van Mechelen, W., Hlobil, H., Kemper, KC., Voorn, WJ., de Jongh, HR. (1993). Prevention of running injurys by warm-up, cool-down, and stretching exercises. *Am J Sports Med.* 21(5): 711-9

World Health Organisation (2000). *Obesity: Preventing and managing the global epidemic.* Genf: WHO Consultation.

7 Tabellenverzeichnis